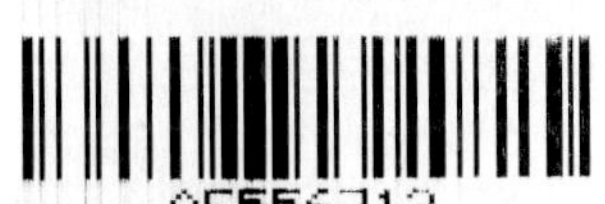
AF556712